La joie des maths

Méthodes, Conseils, Exercices types, Cours adaptés, Anecdotes.

AVANT PROPOS

C'était un jour d'école comme les autres. Comme chaque jour, j'allais chercher mon enfant à son école et j'empruntais le métro parisien. C'était chaque fois le même manège. A force, je faisais le chemin presque les yeux fermés. Dès que j'arrivais à ma station de métro, je sortais et je tournais à droite.

Ce jour-là donc, j'étais perdu dans la lecture de mon livre. J'ai raté ma station.

Quand je m'en suis rendu compte, j'ai repris le métro dans la direction opposée et j'ai fais le chemin dans l'autre sens jusqu'à ma station.

Dès ma sortie, j'ai tourné à droite comme j'en avais l'habitude et sans même regarder où j'allais. C'est au bout d'une vingtaine de mètres que je me suis aperçu que j'allais exactement à l'opposé de ma destination parce que je tournais le dos au pont sous lequel je passais d'habitude. Je me suis repris et j'ai fais demi-tour.

Ce qui venait de m'arriver était un changement de repère. J'avais changé de repère sans faire attention et je n'en avais donc pas tenu compte pour changer les coordonnées de ma destination.

C'est-à-dire qu'en supposant qu'initialement ma destination se trouvait aux coordonnées (5,0), après avoir fait mon chemin de métro à l'inverse, ma destination se trouvait désormais aux coordonnées (-5,0).

Mais moi, perdu dans mes pensées, j'étais allé vers (5,0) et je m'éloignais de ma destination.

C'est ainsi que chaque jour, partout, nous vivons dans des phénomènes mathématiques. Il n'est pas toujours évident de s'en rendre compte. Mais qu'il est excitant et réconfortant de chercher et trouver les applications de ses cours dans la vie quotidienne. C'est un exercice auquel, je vous invite.

Le bénéfice va au-delà de la seule maîtrise de ses cours. Il permet de développer l'intuition, la vélocité de l'esprit et l'assemblage d'informations pour arriver au résultat voulu.

A propos des fonctions

Une fonction, c'est comme une personne. Il y a des caractéristiques qui peuvent évoluer et d'autres pas. Chez l'homme, la taille, le poids, la carrière peuvent évoluer. Chez la fonction, ce sont les variables (ex : x ou y).

Chez l'homme, le prénom, la couleur des yeux ne changent pas. Chez la fonction, ce sont les constantes.

Voir le futur, c'est calculer les dérivées.

Voir l'évolution de la taille d'une personne, c'est comme calculer la dérivée d'une fonction par rapport à x si x est la taille.

De même, voir le passé, c'est calculer la primitive.

ETUDE DE FONCTION

Une étude classique de fonction consiste à :

- Donner son ensemble de définition

C'est l'ensemble des x pour lesquels la fonction existe. Le mode de calcul dépend de la fonction.

Soit la fonction f allant de I vers R ; I étant l'ensemble des x et R l'ensemble des f(x).

-Si la fonction est de la forme ....$\sqrt{U}$....

L'ensemble de définition est l'ensemble des x tel que $U \geq 0$. Et on pose $U \geq 0$ qu'on résout. La solution obtenue est l'ensemble de définition.

Ex :
$$f: R \longrightarrow R$$
$$x \longrightarrow \sqrt{x-5}$$

L'ensemble de définition est l'ensemble des x tel que $x - 5 \geq 0$. Après résolution, cela nous donne comme ensemble de définition de f : D= [5 ; +∞[

-Si la fonction est de la forme ....$\frac{\cdots}{U}$....

L'ensemble de définition est l'ensemble des x tel que $U \neq 0$. Mais on pose $U = 0$ qu'on résout. S étant la solution trouvée, l'ensemble de définition est I privé de S. (C'est-à-dire I-S). Rappelons que I est l'ensemble de départ de la fonction.

Ex :

$$f: \mathbb{R} \longrightarrow \mathbb{R}$$
$$x \longmapsto \frac{3+4x}{1-x^2}$$

L'ensemble de définition est l'ensemble des x tel que $1 - x^2 \neq 0$.

On pose $1 - x^2 = 0$ qu'on résout.

Après résolution, on a comme ensemble de définition de f : D=$\mathbb{R}$-{-1 ; 1}

-Il arrive que les deux précédents cas soient combinés.

Si la fonction est de la forme ….$\frac{\ldots}{\sqrt{U}}$ ….

On pose $U > 0$ qu'on résout. La solution obtenue est l'ensemble de définition.

Ex :   R ⟶ R

f :

$$x \longrightarrow \frac{2x}{\sqrt{(4-x)}}$$

L'ensemble de définition est l'ensemble des x tel que $4-x > 0$. Après résolution cela nous donne comme ensemble de définition de f : D=]-2 ; 2[

-Si la fonction est de la forme …. lnU ….

L'ensemble de définition est l'ensemble des x tel que U> 0. Et on pose U> 0 qu'on resoud.

Ex :   R ⟶ R

f :

$$x \longrightarrow \ln(x-2)$$

L'ensemble de définition est l'ensemble des x tel que $x - 2 > 0$. Après résolution, cela nous donne comme ensemble de définition de f : D=] 2 ; +∞[.

- Donner son domaine de continuité

C'est l'ensemble dans lequel tous les x ont une image. En fait, il est au moins égale à l'ensemble de définition. Parfois, il peut contenir en plus certains points critiques qui n'appartiennent pas à l'ensemble de définition. C'est pourquoi, lorsqu'on identifie un point critique, on étudie à part la continuité en ce point.

Astuce : les points critiques sont en général les bornes de l'ensemble de définition qui n'appartiennent pas à l'ensemble de définition.

Pour étudier la continuité en un point x_0, on procède comme suit :

Si $\lim_{x_{0-}} f(x) = \lim_{x_{0+}} f(x) = l_0$ *(Traduction : si la limite à gauche de x_0 est égale à la limite à droite de x_0 et est finie)* **alors f est continue en x_0.**

Ex1 :
$$f : \mathbb{R} \longrightarrow \mathbb{R}$$
$$x \longrightarrow \sqrt{x-5}$$

L'ensemble de définition de f est D= $[5 ; +\infty[$. Donc f est déjà continue sur $[5 ; +\infty[$ au moins.

Ici, il n'y a pas de point critique. Donc, f est finalement continue sur $[5 ; +\infty[$.

Ex2 :
$$f : \begin{array}{rcl} \mathbb{R} & \longrightarrow & \mathbb{R} \\ x & \longmapsto & \dfrac{3+4x}{1-x^2} \end{array}$$

L'ensemble de définition de f est D=R-{-1 ; 1} *(on peut écrire D=]-∞ ; -1[∪] 1 ; + ∞[.)* Donc f est déjà continue sur R-{-1 ; 1} au moins.

Ici, les points critiques sont -1 et 1. Etudions la continuité en -1 et en 1.

$\lim_{-1_-} f(x) = +\infty$ et $\lim_{-1_+} f(x) = +\infty$. Les limites à gauche et droite sont infinies. Donc f n'est continue ni à gauche ni à droite de -1.

De même, $\lim_{1_-} f(x) = -\infty$ et $\lim_{1_+} f(x) = -\infty$. Les limites à gauche et droite sont infinies. Donc f n'est continue ni à gauche ni à droite de 1.

Au final, f est continue sur R-{-1 ; 1}.

- Donner son domaine de dérivabilité.

Le domaine de dérivabilité est l'ensemble des x pour lesquels la fonction f est dérivable. Autrement dit, c'est l'ensemble des x pour lesquels $f'(x)$ existe.

Le mode de calcul du domaine de dérivabilité dépend du type de fonction.

-Si la fonction est de la forme ….$\sqrt{U}$….

Le domaine de dérivabilité est l'ensemble des x tel que U >0. Et on pose U >0 qu'on résout.

-Si la fonction est du type $|U|$, elle est dérivable sur l'ensemble de définition privé des zéros de la fonction. *(Les zéros de la fonction sont les points en lesquels la fonction s'annule).*

Ensuite, faire une étude particulière aux zéros de la fonction.

Pour étudier la dérivabilité en un point, procéder comme suit :

Si $\lim_{x_0-} \frac{f(x)-f(x_0)}{x-x_0} = \lim_{x_0+} \frac{f(x)-f(x_0)}{x-x_0} = l_0$
alors f dérivable en x_0.

Ex :   R $\longrightarrow$ R

f :

$\qquad$ x $\longrightarrow$ |x|

L'ensemble de définition de f est R. Donc f est dérivable déjà au moins sur R-{0} car f s'annule en 0.

Etudions particulièrement la dérivabilité en 0.

$\lim_{0^-} \frac{f(x)-f(0)}{x-0} = \lim_{0^-} \frac{|x|-|0|}{x-0} = \lim_{0^-} \frac{-x-0}{x-0} =$ -1   « A gauche de 0, |x|= - x »

Et $\lim_{0^+} \frac{f(x)-f(0)}{x-0} = \lim_{0^+} \frac{|x|-|0|}{x-0} = \lim_{0^-} \frac{x-0}{x-0}$ = 1   « A droite de 0, |x|= x »

On voit bien que $\lim_{0^-} \frac{f(x)-f(0)}{x-0} \neq \lim_{0^+} \frac{f(x)-f(0)}{x-0}$. Donc la fonction f n'est pas dérivable en 0.

Astuce : Pour trouver le domaine de dérivabilité de f, on peut calculer $f'(x)$ et chercher l'ensemble de définition de $f'(x)$. L'ensemble de définition de $f'(x)$ est le domaine de dérivabilité de f .

FONCTION LOGARITHME / FONCTION EXPONENTIELLE

La fonction logarithme et la fonction exponentielle sont deux fonctions réciproques l'une de l'autre.

Si on comprend bien le sens de la réciprocité, cela nous facilite beaucoup le travail.

Il suffit de bien connaître la fonction exponentielle pour connaître la fonction logarithme et vis-versa. Alors si avec un peu d'astuce, on n'a pas besoin d'apprendre les deux fonctions.

Exemple :

$$e^x = y \iff \ln(y) = x$$

Traduction :

$$e^0 = 1 \iff \ln 1 = 0$$

Si **e** nous permet de transformer 0 en 1,

Alors

ln nous permet de transformer 1 en 0.

La représentation graphique de exponentielle et celle de logarithme sont réciproque par rapport à la droite $x = y$ (la première bissectrice). C'est normal parce que c'est sur cette droite qu'**exponentielle** et **logarithme** pourrait se confondre.

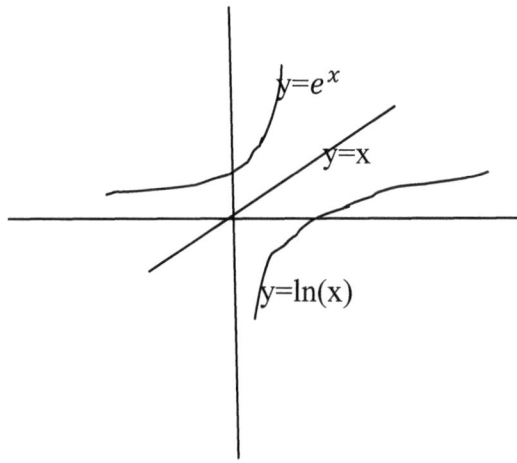

On voit ici donc que e^x est défini sur l'ensemble des réels R tandis que ln (x) est défini sur $]0 ; +\infty[$. Cela signifie que seuls les éléments appartenant à $]0 ; +\infty[$ ont une image par ln.

FONCTION LOGARITHME

ln f existe si f>0.

Ex: ln $(x+1)$ existe si $x+1>0$ c'est-à-dire si $x > -1$.
D'où D=]-1 ; +∞ [

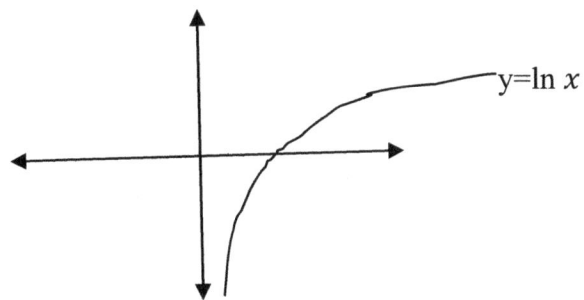

- **ln (a.b)=ln a + ln b**
  Ex: ln $[(x+2)\ (x-5)] = \ln(x+2) + \ln(x-5)$

- **ln (a/b) =ln a − ln b**
  Ex: $\ln\left[\frac{(x+2)}{(x-5)}\right] = \ln(x+2) - \ln(x-5)$

- **ln a^n = n ln a**
  Ex: $\ln(x+4)^5 = 5\ln(x+4)$

- $\ln x = \ln y$ entraîne $x = y$ car la fonction $f(X) = \ln X$ est une bijection sur son ensemble de définition.
  Ex : $\ln(x + 2) = \ln 6$ entraîne $(x + 2) = 6$.
  D'où $x = 4$.

- $\ln x > \ln y$ entraîne $x > y$ car la fonction $f(X) = \ln X$ est croissante sur son ensemble de définition.
  On procède de même pour tous les types d'inéquations avec le logarithme.
  Ex1 : $\ln(x + 2) > \ln 6$ entraîne $(x + 2) > 6$.
  D'où $x > 4$.
  Ex2 : $\ln(x + 2) \leq \ln 6$ entraîne $(x + 2) \leq 6$.
  D'où $x \leq 4$.

- $(\ln f)' = f'/f$
  Ex : $= [\ln(x + 2)]' = \dfrac{1}{(x+2)}$

FONCTION EXPONENTIELLE

e^x existe pour tout x réel

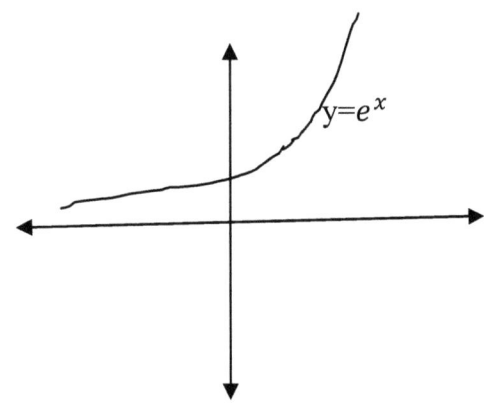

- $e^x = e^y$ entraîne $x = y$ car e^x est une bijection sur son ensemble de définition.
  Ex : $e^{(x+3)} = e^{2x-3}$ entraîne $(x+3) = (2x-3)$. D'où $x = 6$.

- $e^x > e^y$ entraîne $x > y$ car e^x est croissante sur son ensemble de définition.

- On procède de même pour tous les types d'inéquations avec l'exponentielle.
  Ex1 : $e^{(x+3)} < e^{(2x-3)}$ entraîne $(x+3) < (2x-3)$. D'où $x > 6$.
  Ex2 : $e^{(x+3)} > e^{(2x-3)}$ entraîne
  $(x+3) > (2x-3)$. D'où $x < 6$.

- $(e^f)' = f'e^f$
  Ex : $[e^{(2x+7)}]' = 2\, e^{(2x+7)}$

Les calculs avec la fonction exponentielle se font comme les calculs de puissance à base positive (qu'on a vus dans les classes antérieures).

- $e^a \cdot e^b = e^{(a+b)}$
  Ex : $e^{(x+8)} \cdot e^{(x-8)} = e^{2x}$

- $e^a / e^b = e^{(a-b)}$
  Ex : $\dfrac{e^{(3x-1)}}{e^{(3x+1)}} = e^{-2}$

- $(e^a)^b = e^{ab}$
  Ex : $e^{(x+9)2} = e^{(2x+18)}$

LIMITES DE FONCTIONS

La limite d'une fonction f est la valeur que prend f(x) lorsque x prend une valeur donnée.

Dans certains cas, x ne peut prendre cette valeur donnée. Dans ces cas,

la limite d'une fonction f est la valeur vers laquelle tend f (x) lorsque x tend vers une valeur donnée.

Il arrive que le calcul de la limite débouche sur une aberration. On dit qu'on obtient une forme indéterminée. Les formes indéterminées sont au nombre de quatre.

Ce sont : $\infty-\infty$, $\dfrac{\infty}{\infty}$, $\dfrac{0}{0}$, $0\times\infty$

1/ Lorsqu'on a $\infty-\infty$

Selon les cas,

- **Il faut factoriser par le x^α qui a le α le plus élevé.**

Ex1 : $\lim_{+\infty} x^3 - 2x^2 + 1 = +\infty-\infty$ (Forme indéterminée)

$= \lim_{+\infty} x^3 (1 - \frac{2}{x} + \frac{1}{x^2})$

$= \lim_{+\infty} x^3 \times 1$ « car tout ce qui est entre les parenthèses tend vers 1 quand x tend vers $+\infty$ »

$= +\infty$

- **Il faut multiplier et diviser la fonction par son expression conjuguée.**

Ex2 : $\lim_{+\infty} \sqrt{x+1} - \sqrt{x} = +\infty - \infty$ (Forme indéterminée)

$= \lim_{+\infty} \dfrac{[\sqrt{x+1}-\sqrt{x}][\sqrt{x+1}+\sqrt{x}]}{[\sqrt{x+1}+\sqrt{x}]}$

$= \lim_{+\infty} \dfrac{(x+1)-x}{[\sqrt{x+1}+\sqrt{x}]}$

$= \lim_{+\infty} \dfrac{1}{[\sqrt{x+1}+\sqrt{x}]}$

$= 0$

2/ Lorsqu'on a $\dfrac{\infty}{\infty}$,

- **Il faut factoriser par le x^α qui a le α le plus élevé au numérateur et en faire de même au dénominateur. Ensuite procéder à la simplification.**

Ex : $\lim_\infty \frac{x^2+5}{2x-3} = \frac{\infty}{\infty}$ (Forme indéterminée)

$= \lim_\infty \frac{x^2(1+\frac{5}{x^2})}{x(2-\frac{3}{x})}$

$= \lim_\infty \frac{1.x^2}{2.x}$

$= \lim_\infty \frac{1.x}{2} = \infty$

3/ Lorsqu'on a : $\frac{0}{0}$,

Selon les cas,

- **Quand du numérateur et du dénominateur, l'un est un multiple de l'autre.**
 Il faut factoriser le numérateur et le dénominateur puis simplifier.

Ex : $\lim_{-1} \frac{x^2+2x+1}{x+1} = \frac{0}{0}$ (Forme indéterminée)

$= \lim_{-1} \frac{(x+1)(x+1)}{x+1}$

$= \lim_{-1}(x+1)$

$= 0$

- **Utiliser la formule du nombre dérivé en un point x_0 :** $\lim_{x_0} \dfrac{u(x)-u(x_0)}{x-x_0} = u'(x_0)$

Ex : $\lim_0 \dfrac{\ln(x+1)}{x} = \dfrac{0}{0}$ (Forme indéterminée)

Posons $u(x) = \ln(x+1)$

On a $u(0) = \ln(0+1) = 0$

Il vient : $\lim_0 \dfrac{\ln(x+1)}{x} = \lim_0 \dfrac{u(x)-u(0)}{x-0}$

$= u'(0)$

Or $u'(x) = \dfrac{1}{x+1}$, donc $u'(0) = \dfrac{1}{0+1} = 1$

Finalement, $\lim_0 \dfrac{\ln(x+1)}{x} = 1$

4/ Lorsqu'on a $0 \times \infty$,

- **Il faut utiliser l'une des méthodes 2/ ou 3/** car en réalité, $0 \times \infty$ est une forme d'écriture de $\dfrac{\infty}{\infty}$ ou de $\dfrac{0}{0}$.

En effet, $0 \times \infty = \dfrac{1}{\infty} \times \infty = \dfrac{\infty}{\infty}$ et $0 \times \infty = 0 \times \dfrac{1}{0} = \dfrac{0}{0}$

A propos des équations différentielles

Il y a quelques temps, je disais à mon enfant :

« Suppose que dans dix ans, tu rencontres quelqu'un que tu n'avais jamais vu avant. Au moment où tu rencontres cette personne, tu seras une fois et demie plus grand que tu l'es actuellement. Si cette personne veut savoir quelle était ta taille il y a dix ans. Eh bien, nous sommes dans une illustration inhabituelle d'équation différentielle. Toi, tu auras évolué mais tu es toujours la même personne ».

Aujourd'hui, ta taille est t. Dans dix ans,

ta taille sera multipliée par un et demie ⟶ $1,5t$

ta taille aura évolué ⟶ t'

La personne que tu auras rencontrée voudra connaître t. Alors comment retrouver t sachant toutes les transformations subies par t jusqu'à devenir t'.

La question se résume à cette équation différentielle : $t'=1,5t$

EQUATIONS DIFFERENTIELLES

Au programme de fin de lycée français, on étudie les équations différentielles de premier ordre à second membre constant.

Elles sont de la forme : f'(x) = a f(x) + b

La solution de cette équation est de la forme

f(x) = α e^{ax} – b/a ; α étant une constante réelle.

Exemple : A résoudre y'= 3y + 1 ;

Sachant que : a=3 ; b=1.

La solution est y (x) = α e^{3x} – 1/3

Dans les classes de fin de lycée français, la plupart des exercices sur les équations différentielles consiste à vous guider dans la résolution d'une équation différentielle de premier ordre avec second membre non constant.

Ce sont des équations du type : y'= ay +$\varphi(x)$.

Ex : Soit (E) : y'= 4y + 3e^{x}

1) Montrer qu'il existe une fonction y_0 du type $y_0(x) = \beta e^x$ (β étant une constante réelle) solution de (E).

2) Résoudre l'équation différentielle (E') : $y'= 4y$.

3) Montrer qu'une fonction y est solution de (E) si, si et seulement si, la fonction $u = y - y_0$ est solution de (E').

4) En déduire les solutions de l'équation (E).

Résolution

1) $y_0 = \beta e^x$ est solution de (E) signifie $y_0' = 4 y_0 + 3e^x$. C'est-à-dire $\beta e^x = 4 \beta e^x + 3e^x$. Il vient $\beta = -1$.

On obtient $\boxed{y_0(x) = -e^x}$.

2) (E') : $y' = 4y$

y_1 : Solution de (E'). D'après le cours vu plus haut, $y_1 = \alpha e^{4x}$, α étant une constante réelle.

3) y est solution de (E) signifie que $y' = 4y + 3e^x$ (I)

Or, y_0 est solution de (E) signifie que $y_0' = 4 y_0 + 3e^x$ (II)

En faisant (I) – (II), on obtient $y' - y_0' = 4y - 4y_0$

Ce qui donne $(y - y_0)' = 4(y - y_0)$

Il vient $\qquad u' = 4u$

u est donc bien solution de (E').

En principe, il n'est pas nécessaire de refaire la démonstration dans l'autre sens. Cependant, certains professeurs l'exigent au gré du programme en rigueur. Il vous convient donc de vous adapter à l'exigence du moment.

A titre d'information refaisons la démonstration dans l'autre sens.

u est solution de (E') signifie que u'=4u   (III)

Or, $u = y - y_0$. Donc (III) devient $(y - y_0)' = 4(y - y_0)$

En distribuant, on obtient $y' - y_0' = 4y - 4y_0$

Ce qui donne $y' = 4y + y_0' - 4y_0$ (IV)

Or comme y_0 est solution de (E), on a $y_0' - 4y_0 = 3e^x$

Enfin (IV) devient $y' = 4y_0 + 3e^x$.

y est donc bien solution de (E)

4) On a : $u = y - y_0$. Ce qui donne $y = u + y_0$
(y étant la solution de (E))

Or comme u est solution de (E'), u = $y_1 = \alpha e^{4x}$,

De plus $y_0 = -e^x$ *(vu précédemment)*.

Finalement, la solution de (E) est $\boxed{y = \alpha e^{4x} - e^x}$

NOMBRES COMPLEXES ET GEOMETRIE

Méthode analytique

Lorsque j'ai un nombre complexe Z présenté dans une application et qu'on me demande de trouver un ensemble de points tel que Z soit un nombre réel, je procède comme suit :

1ère étape : J'écrie ce nombre sous sa forme algébrique.

2ème étape : Je traduis la question qui m'est posée.

3ème étape : Je résous l'équation que j'obtiens.

4ème étape : Je traduis le résultat trouvé.

Exemple :

Soit l'application : $C \longrightarrow C$

$$z \longrightarrow Z = \frac{z+i}{z-2i}$$

On me demande de trouver l'ensemble des points tel que Z soit un nombre réel.

1ère étape : Je pose : $z = x + iy$

Ce qui donne : $Z = \frac{z+i}{z-2i}$

$$= \frac{(x+iy)+i}{(x+iy)-2i}$$

$$= \frac{x+i(y+1)}{x+i(y-2)}$$

Multiplions le numérateur et le dénominateur par l'expression conjuguée du dénominateur pour avoir une écriture plus simple.

$$Z = \frac{[x+i(y+1)][x-i(y-2)]}{[x+i(y-2)][x-i(y-2)]}$$

$$= \frac{(x^2+y^2-y-2)+3ix}{x^2+(y-2)^2}$$

$$= \frac{x^2+y^2-y-2}{x^2+(y-2)^2} + i\frac{3x}{x^2+(y-2)^2}$$

$2^{\text{ème}}$ étape : La question : Trouver l'ensemble des points tels que Z soit un nombre réel

Se traduit par la partie imaginaire de Z est nulle.

$3^{\text{ème}}$ étape : C'est-à-dire $\frac{3x}{x^2+(y-2)^2} = 0$

$3x = 0$

$x = 0$

$4^{\text{ème}}$ étape : La solution est la droite d'équation $x = 0$. C'est la droite des ordonnées (OJ) dans un repère (OIJ).

Lorsqu'on veut que Z soit un imaginaire pur, on procède de la même façon sauf que dans ce cas, on pose que la partie réelle est nulle, c'est-à-dire $\frac{x^2+y^2-y-2}{x^2+(y-2)^2} = 0$. La solution est le cercle de centre Ω $(0 ; \frac{1}{2})$ et de rayon $\frac{3}{2}$.

Méthode géométrique

Lorsque j'ai un nombre complexe Z et qu'on me demande de trouver l'ensemble de points M tel que Z soit égal à une valeur donnée, il est préférable d'utiliser la méthode géométrique.

$1^{\text{ère}}$ étape. On attribue à chaque nombre complexe, un point dont le nombre complexe est l'affixe. Prendre soin d'attribuer à z, le point M.

$2^{\text{ème}}$ étape. On réécrit l'énoncé en la transformant sous forme vectorielle.

$3^{\text{ème}}$ étape. On traduit la nouvelle écriture obtenue en termes d'argument et en termes de module.

$4^{\text{ème}}$ étape. On conclut.

Exemple

Soit $Z = \dfrac{z-2i}{z+2-i}$

Trouver l'ensemble des points M tel qu'on ait $Z=1+i$.

1ère étape. Soit M d'affixe z.

A d'affixe 2i.

B d'affixe $-2 + i$.

2ème étape. On a $Z = \dfrac{[z(M) - z(A)]}{[z(M) - z(B)]}$

$Z = \dfrac{z_{\overrightarrow{AM}}}{z_{\overrightarrow{BM}}}$

3ème étape. L'argument de Z est l'angle que fait le vecteur AM par rapport au vecteur BM.

ie $(\overrightarrow{AM}, \overrightarrow{BM})$

Et $\text{Arg}(1+i) = \pi/4$.

Donc $(\overrightarrow{AM}, \overrightarrow{BM}) = \pi/4$

Le module de Z est $d(A, M) / d(B, M)$

Et $|1+i| = \sqrt{2}$.

Donc $\dfrac{d(A,M)}{d(B,M)} = \sqrt{2}$

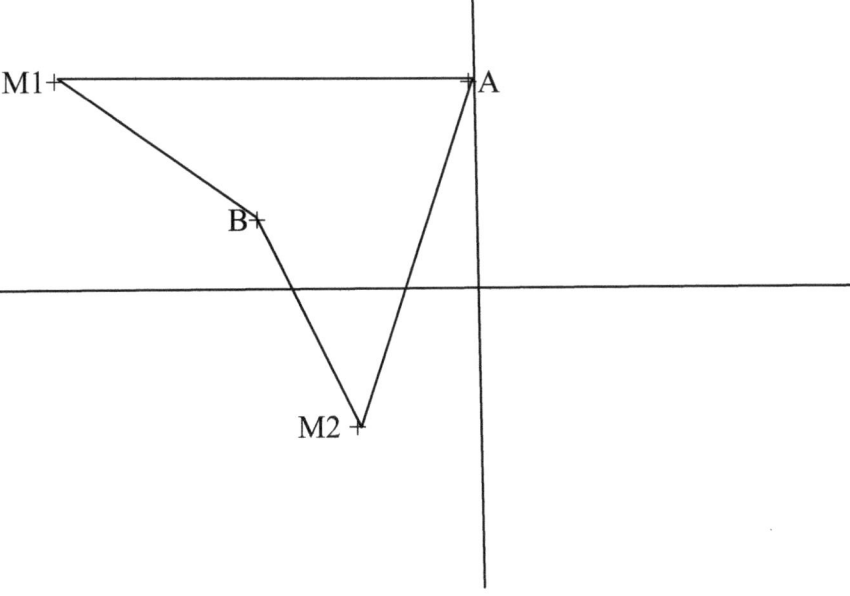

La solution est la paire de points {M1, M2}.

NOMBRES COMPLEXES ET TRANSFORMATIONS DU PLAN

Quand on nous demande de trouver la transformation du plan qui correspond à une application du type :

$$f: \begin{array}{c} \mathbb{C} \longrightarrow \mathbb{C} \\ z \longrightarrow az + b \end{array}$$

on concentre notre observation d'abord sur **a** ensuite sur **b**.

- Si <u>**a** est égal à **1**</u>, alors **f est une translation de vecteur** $\vec{u}$, **l'affixe de** $\vec{u}$ **étant b**.

- Si <u>a est un réel différent de 1</u>, alors **f est une homothétie de centre Ω (ω) et de rapport a**.

  ω étant l'affixe de Ω.

  Pour trouver l'affixe du centre Ω, on se dit que le centre Ω est le seul point invariant par l'homothétie. Alors on résout l'équation **a z (Ω) + b = z (Ω)**

  Il vient **a ω + b = ω**

  On obtient $\omega = \dfrac{b}{1-a}$

- Si <u>a est un nombre complexe non réel</u>, **f est une rotation de centre Ω (ω) et de rayon ω** *(module de ω)*.

Pour trouver l'affixe du centre Ω, on procède comme précédemment. On se dit que le centre Ω est le seul point invariant par la rotation.

Alors on résout l'équation **a z (Ω) + b = z (Ω)**

Il vient **a ω + b = ω**

On obtient $\omega = \dfrac{b}{1-a}$

A propos des suites numériques et de la démonstration par récurrence

Supposons que tu veuilles prouver que dans la famille de ta copine Paula, toutes les filles ont les yeux bleus depuis la quatrième génération des ascendantes sans interruption.

Tu commenceras par trouver la photo de l'ancêtre et de voir qu'elle a les yeux bleus ou trouver un témoin qui atteste que l'ancêtre avait les yeux bleus.

C'est l'initialisation.

Ensuite on s'attèlera à monter que dans cette famille, toute femme qui enfante d'une fille met au monde une fille aux yeux de même couleur que les siens.

C'est l'hérédité.

Ainsi, on pourra généraliser que dans la famille de Paula, toutes les filles ont les yeux bleus.

SUITES NUMERIQUES

Ex : Soit $U_{n+1} = \sqrt{(U_n + 2)}$ et $U_0 = 0$

1) Démontrer que pour tout entier naturel n, $U_n \leq 2$

2) Démontrer que pour tout entier naturel n, $U_n \leq U_{n+1}$

Résolution

1) Initialisation
Soit la proposition, P_n : « $U_n \leq 2$ »
Pour n=0, $U_0 = 0$ et $U_0 \leq 2$. Donc P_0 est vraie.

Hérédité
Hypothèse de récurrence : On suppose que pour un certain n> 0, $0 \leq U_n \leq 2$.
On va montrer que $U_{n+1} \leq 2$

$0 \leq U_n \leq 2$	$U_n + 2 \leq 4$
$\sqrt{(U_n + 2)} \leq 2$	$U_{n+1} \leq 2$

« *Il est important de préciser* $0 \leq U_n$ *pour avoir ensuite forcément* $0 \leq U_n + 2$ *car c'est la condition pour pouvoir mettre* $U_n + 2$ *sous la racine carrée.* »

La proposition est vraie pour U_{n+1}.
P_{n+1} est vraie.
Conclusion : pour tout naturel n, $U_n \leq 2$

2) *Initialisation*

Soit la proposition T_n : « $U_n \leq U_{n+1}$ »
$U_0 = 0$; $U_1 = \sqrt{0+2} = \sqrt{2}$
On a $0 \leq \sqrt{2} \longrightarrow U_0 \leq U_1$
Pour n=0. $U_n \leq U_{n+1}$. Donc T_0 est vraie.

Hérédité

Hypothèse de récurrence : Supposons que pour un certain n> 0, $U_n \leq U_{n+1}$
On va montrer que $U_{n+1} \leq U_{n+2}$
$0 \leq U_n \leq U_{n+1}$ $0 \leq \sqrt{U_n} \leq \sqrt{U_{n+1}}$
$U_{n+1} \leq U_{n+2}$.
T_{n+1} est vraie.
Conclusion : pour tout naturel, $U_n \leq U_{n+1}$

A propos de la probabilité

Mon enfant rentre à la maison un peu déçu de n'avoir pas été élu délégué de sa classe. Je lui dis qu'il devrait y être préparé parce qu'il avait une chance sur deux.

Comment cela ? me demande-t-il ?

Alors, je lui explique : si on fait fi de toute autre considération, on dira qu'il y a deux cas possibles. Ce qu'on nomme en mathématique, des évènements. C'est-à-dire, soit tu es élu, soit tu ne l'es pas. Parmi ces deux évènements, un seul te satisfait : « tu es élu ». C'est le cas favorable.

Donc la chance que tu avais d'être élu est égale à la part des cas favorables dans l'ensemble des cas possibles. Autrement dit, le nombre de cas favorables divisé par le nombre de cas possibles. En mathématique, la chance que tu avais d'être élu est appelée la probabilité que tu sois élu.

PROBABILITE

La probabilité d'un évènement A est :

$$p(A) = \frac{Card\ A}{Card\ \Omega}$$

Card A : nombre d'éléments satisfaisant l'évènement A.

Card Ω : nombre d'éléments de l'univers (nombre d'élément au total).

Ex : On lance un dé en l'air et on observe la face supérieure lorsqu'il retombe au sol.

-Quelle est la probabilité de voir apparaître le chiffre 5 ?

Solution

Soit A l'évènement : « on voit apparaître le chiffre 5 ».

$\Omega = \{1\ ;\ 2\ ;\ 3\ ;\ 4\ ;\ 5\ ;\ 6\}$. Card $\Omega = 6$

A= $\{5\}$. Card A=1

$P(A) = \dfrac{1}{6}$

-Quelle est la probabilité de voir apparaître le chiffre 5 ou le chiffre 3 ?

Solution

Soit B l'évènement : « on voit apparaître le chiffre 3 ».

La probabilité cherchée est p (A ou B) = p(A) + p(B)

$= \dfrac{Card\ A}{Card\ \Omega} + \dfrac{Card\ B}{Card\ \Omega}$

$= \dfrac{1}{6} + \dfrac{1}{6}$

$= \dfrac{2}{6}$

$= \dfrac{1}{3}$

-On lance 2 fois le dé.

Quelle est la probabilité de voir apparaître le chiffre 5 et chiffre 3 ?

<u>Solution</u>

Au premier lancé, il peut apparaître 5 ou 3.

p (A ou B) $= \dfrac{1}{3}$

Au deuxième lancé, il doit apparaître le chiffre qui n'est pas apparu au premier lancé.

C'est-à-dire, le chiffre 5 si 3 est apparu au premier lancé

ou le chiffre 3 si 5 est apparu au premier lancé.

De toutes les façons la probabilité au deuxième lancé est $\frac{1}{6}$ car il y a une unique possibilité attendue sur six possibilités qu'offre le dé.

Finalement, la possibilité cherchée est : $\frac{1}{3} \times \frac{1}{6} = \frac{1}{18}$

Astuce : En probabilité, le mot français « ou » se traduit par +.

En probabilité, le mot français « et » se traduit par x.

Probabilité conditionnelle

C'est la probabilité qu'un évènement A se réalise sachant qu'un autre évènement B est réalisé.

Elle se note $p_c(B)$ ou p (B/C)

Et est égale à $p_c(B) = \dfrac{p(B \cap C)}{p(C)}$

Ex : Dans notre cas précédent, A calculer la probabilité de voir apparaître le chiffre 3 sachant qu'on a vu un chiffre supérieur ou égal à 2.

Solution

Soit C l'évènement : « on voit apparaître un chiffre ≥ 2 »

C : { 2; 3; 4; 5; 6}   Card C = 5 $p(C) = \dfrac{5}{6}$

B: {3}

B∩C: {3}   Card (B∩C) = 1 $p(B\cap C) = \dfrac{1}{6}$

$$p_c(B) = \dfrac{p(B\cap C)}{p(C)}$$

$$p_c(B) = \dfrac{\frac{1}{6}}{\frac{5}{6}} = \dfrac{1}{5}$$

EXERCICES GENERAUX

Soit la fonction :

$$f : \begin{array}{c} \mathbb{R} \longrightarrow \mathbb{R} \\ x \longrightarrow e^{|x|} \cdot x^2 \end{array}$$

I/ ETUDE DE LA FONCTION f

1) Ensemble de définition D
2) Continuité, dérivabilité
3) Dérivée
4) Signe de la dérivée
5) Variation de f
6) Limites aux bornes de D
7) Tableau de variation
8) Asymptotes éventuelles
9) Eléments de symétrie (axe de symétrie, centre de symétrie)
10) Parité
11) Représentation graphique

II/ Soit les applications

$$F: \begin{array}{c} \mathbb{C} \longrightarrow \mathbb{C} \\ z \longrightarrow e^{|x|}.z^2 \end{array}$$

$$G: \begin{array}{c} \mathbb{C} \longrightarrow \mathbb{C} \\ z \longrightarrow z' = \dfrac{(1-i)F(z)}{ze^{|x|}} \end{array}$$

1) A quelle transformation du plan correspond G ?
2) Quelle est l'ensemble des points tel que z' soit un nombre réel ?
3) Quelle est l'ensemble des points tel que z' soit un nombre imaginaire pur ?

IV/ PROBABILITE

La loterie nationale émet 20 millions de tickets parmi lesquels 1 seul fait rapporter 5 millions d'euros.

100 tickets font chacun rapporter, 400 milles euros.

1000 tickets font chacun doubler la mise.

2000 tickets font chacun rembourser la mise.

Le ticket coûte 2€.

1/ En jouant une fois, quelle chance avez-vous de décrocher le plus gros lot ?

2/ En achetant chaque jour un ticket, au bout de combien de jours pouvez-vous être sûr de gagner le plus gros lot ?

3/ Rêvons un peu. Si on imagine que vous vivez assez longtemps et que vous achetez un ticket chaque jour jusqu'à gagner le gros lot à coup sûr. Etes-vous gagnant en fin de compte au vu de la somme dépensée au total ?

4/ En achetant un ticket, quelle somme peut on espérer gagner ?

RESOLUTION

I/ Etude de la fonction f

1) L'ensemble de définition D de f est l'ensemble des x appartenant à R tel que f(x) existe. Or f(x) = $e^{|x|} \cdot x^2$ existe pour tout $x \in$ R. Donc D=R.

2) $x \longrightarrow e^{|x|}$ est continue sur R comme toute fonction exponentielle l'est sur R.

$x \longrightarrow x^2$ est continue sur R comme toute fonction polynôme l'est sur R.

Donc f : $x \longrightarrow e^{|x|} \cdot x^2$ est continue sur R comme produit de deux fonctions continues sur R.

$x \longrightarrow e^{|x|}$ est dérivable sur R comme toute fonction exponentielle l'est sur R.

$x \longrightarrow x^2$ est dérivable sur R comme toute fonction polynôme l'est sur R.

Donc f : $x \longrightarrow e^{|x|} \cdot x^2$ est dérivable sur R comme produit de deux fonctions dérivables sur R.

3) En présence de valeur absolue, il est préférable de scinder la fonction en deux

selon la valeur positive et négative de l'écriture en valeur absolue.

$f(x) = e^{|x|} \cdot x^2$

Si $x \geq 0$, $f(x) = e^x \cdot x^2$
Alors $f'(x) = e^x \cdot x^2 + 2x\, e^x$. Il vient $f'(x) = x\, e^x (x + 2)$.

Si $x < 0$, $f(x) = e^{-x} \cdot x^2$
Alors $f'(x) = -e^{-x} \cdot x^2 + 2x\, e^{-x}$. Il vient $f'(x) = x\, e^{-x}(-x + 2)$.

4) Faisons un tableau de signe.
$x \geq 0$

//	0 à +∞
x	+
$x + 2$	+
$f'(x)$	+

$x < 0$

// ////	$-\infty$ à 0
x	-
$-x + 2$	+
f'(x)	-

Récapitulons dans un seul tableau.

	$-\infty$		0		$+\infty$
f'(x)		-		+	

La dérivée de f est négative pour tout $x \in$ R*-
La dérivée de f est positive pour tout $x \in$ R*+

5) Du signe de la dérivée de f, on déduit que :
f est décroissante sur R*-
et f est croissante sur R*+

6) $\lim_{-\infty} f(x) = \lim_{-\infty} e^{|x|} \cdot x^2 = +\infty$
$\lim_{+\infty} f(x) = \lim_{+\infty} e^{|x|} \cdot x^2 = +\infty$

7)

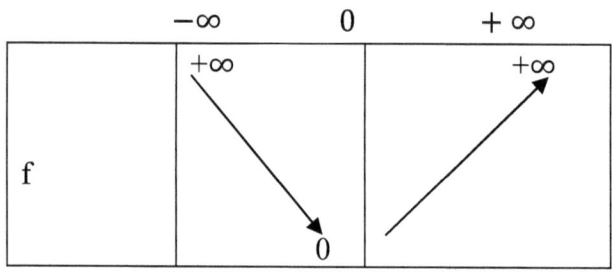

8) Déjà, avec les limites obtenues, on peut observer que la courbe de f n'admet ni asymptote horizontale, ni asymptote verticale. Comme $\lim_\infty f(x) = \infty$, il est possible d'avoir une asymptote oblique en $-\infty$ et en $+\infty$.

Pour en savoir plus, calculons $\lim_{-\infty} \frac{f(x)}{x} = \lim_{-\infty} \frac{e^{|x|} \cdot x^2}{x} = \lim_{-\infty} e^{|x|} \cdot x = -\infty$.

Donc pas d'asymptote oblique en $-\infty$.

Calculons $\lim_{+\infty} \frac{f(x)}{x} = \lim_{+\infty} \frac{e^{|x|} \cdot x^2}{x} = \lim_{+\infty} e^{|x|} \cdot x = +\infty$.

Donc pas d'asymptote oblique en $+\infty$.

Finalement, il n'y a aucune asymptote à la courbe de f.

9) D'après le tableau de variation, il se peut que le point O (0 ; 0) soit centre de symétrie à la courbe de f ou que la droite d'équation $x=0$ soit axe de symétrie à la courbe de f.

Rappelons qu'un point I (a ; b) est centre de symétrie à la courbe d'une fonction g si on a : [g (a- x) + g (a+x)]= $\frac{1}{2}$b
Et qu'une droite (Δ) d'équation $x = a$ est axe de symétrie à la courbe d'une fonction g si on a : g (a- x) = g (a+x).

Dans notre cas, voyons si O (0 ; 0) est centre de symétrie à la courbe de f.
Pour cela, calculons [f (0- x) + f (0+x)]= $e^{|-x|} \cdot (-x)^2 + e^{|x|} \cdot x^2 = 2e^{|x|} \cdot x^2$. Ce qui est bien différent de $\frac{1}{2}$x0. Donc O (0 ; 0) n'est pas centre de symétrie à la courbe de f.
Voyons maintenant si la droite (OJ) d'équation $x=0$ est axe de symétrie à la courbe de f. Pour cela, calculons f (0- x) et f (0+x) puis comparons-les.
f (0- x) = $e^{|-x|} \cdot (-x)^2 = e^{|x|} \cdot x^2$
et f (0+x) = $e^{|x|} \cdot x^2$.

On constate bien que $f(0-x) = f(0+x)$. Donc la droite (OJ) d'équation $x = 0$ est axe de symétrie à la courbe de f.

10) Comme $f(0-x) = f(0+x)$,
alors $f(-x) = f(x)$. Donc, la fonction f est paire.

11)

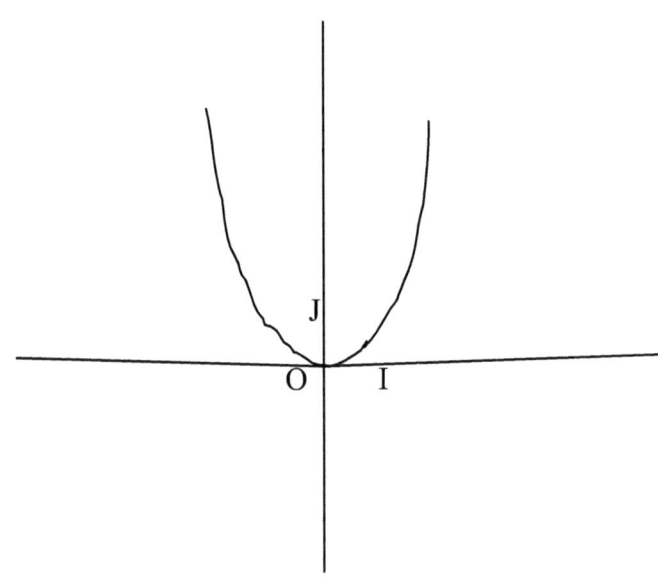

II/

1)

$$C \longrightarrow C$$

G:

$$z \longrightarrow z' = \frac{(1-i)F(z)}{ze^{|x|}}$$

Donc $z' = \frac{(1-i)}{ze^{|x|}} e^{|x|} \cdot z^2$. Il vient $z' = (1-i)z$

$(1-i)$ n'est pas un nombre réel. Donc la transformation du plan qui correspond à l'application G est une rotation de centre $\Omega(\omega)$ et de rayon r.

r=$|1-i|$. Il vient r= $\sqrt{1^2+(-1)^2} = \sqrt{2}$

Ω étant le centre de la rotation, Ω est invariant par la rotation. r(Ω) = Ω. Donc $\omega=(1-i)\omega$.

Donc $\omega = 0$.

2)

Posons = $x + iy$, alors $z' = (1-i)(x+iy)$

$$z' = (x+y) + i(-x+y)$$

Si z' réél alors $(-x+y)=0 \implies y = x$

L'ensemble des points M tel que z' soit réel est la droite d'équation $y = x$. C'est-à-dire la première bissectrice.

3) Si z' imaginaire pure alors $(x+y)=0$

$\implies y = -x$

L'ensemble des points N tel que z' soit imaginaire pur est la droite d'équation $y = -x$.

IV)

1) Soit A l'évènement « rappoter le plus gros lot »
   $p(A) = \dfrac{1}{20000000}$

2) Soit n le nombre de fois que je joue. n est donc aussi le nombre de jours que je joue.
   Si je joue n fois, la probabilité est n x $p(A)$.
   Etre sûr de gagner le gros lot signifie que la probabilité est égale à 1.
   On résout donc l'équation : n x $p(A)$ = 1.
   On a : n x $\dfrac{1}{20000000}$ = 1. Alors n=20000000 jours soit 54795 années !
   Une vie entière est loin de suffire.

3) Si on achetait un ticket chaque jour pendant 54795 années, on aurait dépensé :
   2 € x 20000000 = 40000000 €
   Même si au bout du compte, on gagnait le gros lot, on serait perdant.

4) En achetant un ticket, on peut espérer gagner la somme $E(X)$.

$E(X) = \sum_{i=1}^{n} p_i x_i$

$E(X) = \dfrac{1}{20000000} \times 5000000 + \dfrac{100}{20000000} \times 400000 + \dfrac{500}{20000000} \times 100000 + \dfrac{1000}{20000000} \times 4 + \dfrac{2000}{20000000} \times 2$

$E(X) = \dfrac{1}{20000000} (1 \times 5000000 + 100 \times 400000 + 500 \times 100000 + 1000 \times 4 + 2000 \times 2)$

$E(X) = 4,75$

METHODE DE TRAVAIL

Savoir abandonner une piste qui s'avère être infructueuse sans non plus renoncer trop vite. Il faut aussi parfois insister un peu, voire provoquer la chance !

Savoir trouver un contre-exemple. (Imaginer que cela fait des heures que vous cherchez à démontrer un résultat… Mais au fond, est-il vrai ? Alors mettez-vous à chercher un contre-exemple, cela peut s'avérer expéditif…)

Savoir organiser ses idées et les mettre en relation avec les différents outils du cours pour élaborer une démonstration.

Procéder par « analyse/synthèse ». Ce raisonnement est très porteur en mathématiques. Il s'agit **temporairement**, de supposer le problème résolu. Quelles observations peut-on faire ? Quelles propriétés remarque-t-on ? Cela permet de trouver des liens intermédiaires. Ensuite, évidemment, on réorganise toutes ces propriétés pour rédiger les choses dans le bon ordre !

Arriver à décloisonner les savoirs ! Si on bute sur un exercice de chapitre X, la clé, elle, se trouve peut-être dans un autre chapitre !

Ne pas baisser les bras tout de suite et oser griffonner diverses idées au brouillon. La Science infuse, cela n'existe pas.

METHODE DE REFLEXION

1. Poser devant soi, l'objet d'étude (devoirs, exercices).

2. Lire la question et la reformuler intérieurement comme si on en était l'auteur.

Ex : *« Démontrer que (D) est perpendiculaire à (D') »*

Devient

*« **Je me propose** de démontrer que (D) est perpendiculaire (D'). »*

Par ceci, on s'approprie la question et l'exercice. On reprend la main, on est maître de la situation, on reprend un peu de confiance.

3. S'assurer qu'on comprend bien la question.

Pour cela, essayer de définir **pour soi**, chaque mot clé de la question.

Il n'est pas nécessaire de donner des définitions complètes. Il suffit de visualiser ce qu'on comprend d'après le mot clé.

Ex : « Calculer la dérivée de la fonction f. »

Pour définir le mot dérivée, il suffit de visualiser mentalement qu'il s'agit d'un calcul faisant intervenir la notation f'. (f prime). Etre sûr qu'on sait ce dont il s'agit.

4. S'assoir confortablement. S'assurer de n'avoir aucune gêne physique (chaise trop basse ou trop haute, table trop base ou trop haute…). Ceci afin d'être entièrement concentré sur son sujet d'étude.

5. Essayer de trouver mentalement les cours ou leçons qui traitent de la question posée.

6. Essayer enfin de répondre à la question.

Si on n'y arrive pas et si on en a la possibilité (à la maison), se mettre debout en laissant l'exercice sur la table. Le regarder de haut en le dominant ainsi du regard. Se dire que la solution existe et qu'on est capable de la trouver. Se rassoir et réessayer d'y répondre.

Si on n'a pas la possibilité de se mettre debout (en classe ou en examen), s'imaginer dans une situation qui nous réjouit (à la plage si on aime la plage, à faire du vélo si on aime le vélo,…). Cela, pendant 10 secondes.

Puis revenir à son exercice et réessayer de répondre la question.

COMMENT CONNAÎTRE SES LEÇONS

S'assurer d'avoir bien compris le cours.

Cela facilite la mémorisation.

Si en plus, on a une idée de l'utilité du cours (ce à quoi, il sert), on apprend plus aisément.

A ce propos, ne pas hésiter à demander à son enseignant. Si cela est demandé poliment sans que cela ait l'air d'une provocation, l'enseignant devrait être content de répondre.

Même si on ne trouve pas immédiatement l'utilité du cours dans la vie quotidienne, le fait de s'atteler à chercher une application pratique du cours est un bon exercice de réflexion.

Un cours de mathématiques s'apprend en se servant d'un stylo et d'un brouillon.

Lire les théorèmes et les axiomes. Essayer de les retenir et les réécrire de mémoire sur son brouillon.

Lire les démonstrations en essayant de les comprendre. Ensuite essayer de les reproduire sur son brouillon.

Lorsqu'on apprend un nouveau cours, essayer de trouver un lien entre ce qu'on vient d'apprendre et ce qu'on savait auparavant. Quel qu'en soit le domaine.

Ceci aide beaucoup à la mémorisation.

Par exemple, si on demande de retenir la suite de nombre suivant : 1 ; 9 ; 9 ; 8 ; 1 ; 1. Cela peut être difficile. Mais si on pense que 1998 est l'année à laquelle l'équipe de France de football a remporté le mondial et que 11 est le nombre de joueur d'une équipe de football, la mémorisation de cette suite est alors facile.

Essayer de s'inventer des méthodes mnémotechniques pour les cours difficiles à retenir.

Par exemple, à savoir que $\cos(x + \frac{\pi}{2}) = -\sin(x)$

$\sin(x + \frac{\pi}{2}) = \cos(x)$

On peut se dire que « ajouter $\frac{\pi}{2}$, c'est dériver ».

Ainsi comme la dérivée de cos est –sin, on a :
$\cos(x + \frac{\pi}{2}) = -\sin(x)$

Et comme la dérivée de sin est cos, on a : $\sin(x + \frac{\pi}{2}) = \cos(x)$

Pour cela, il faut connaître les dérivées. On peut alors créer ce lien entre la trigonométrie et les dérivées.

Si on ne maîtrise pas les dérivées, on peut utiliser le cercle trigonométrique d'une façon inhabituelle.

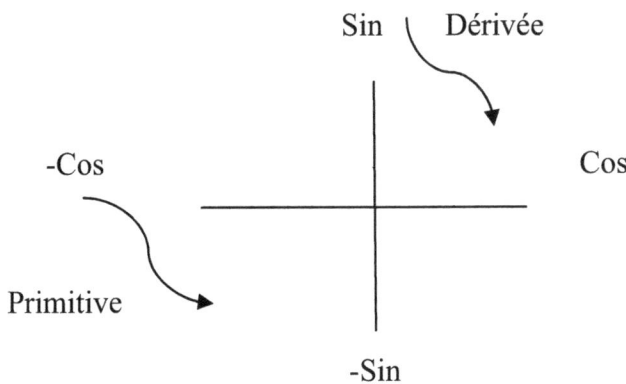

« Les dérivées vont dans le sens des aiguilles d'une montre. »

« Les primitives vont dans le sens contraire des aiguilles d'une montre »

© 2009, A. Sidibé
Edition : Books on Demand, 12-14 rond-point des Champs Elysées, 75008 Paris
Impression : Books on Demand GmbH, Allemagne
ISBN : 9782810615810